# Inhalt

### IT-Controlling immer noch ein Stiefkind!

Kernthesen

Beitrag

Fallbeispiele

Weiterführende Literatur

Impressum

# IT-Controlling immer noch ein Stiefkind!

*M. Westphal*

## Kernthesen

- Im Bereich der IT wird das Controlling-Instrumentarium nur unzureichend genutzt.
- Total-Cost-of-Ownership-Betrachtungen und die Integration von Geschäftsstrategie in die IT könnten Optimierungspotenziale aufzeigen.
- Für den Bereich der Software-Entwicklung hat McKinsey ein neues Tool zur Steigerung der Produktivität entwickelt.

## Beitrag

# Im Bereich der IT wird das Controlling-Instrumentarium nur unzureichend genutzt

Vor dem Hintergrund des wachsenden Kostendrucks ist die Vernachlässigung der umfassenden Steuerung der IT insbesondere in deutschen Unternehmen unverständlich. Das vorhandene Instrumentarium des Controllings ließe große Verbesserungspotenziale heben, wird aber kaum genutzt.
Offenbar ist der permanente Kostendruck, der auf den IT-Organisationen lastet noch nicht groß genug. Das Tagesgeschäft frisst immer noch die Ressourcen der IT-Verantwortlichen auf, ohne dass sie vernünftig überprüfen können, in welche Kanäle das IT-Budget denn überhaupt verschwindet.
Das Verständnis von IT-Controlling ist immer noch von Kontrolle und Überwachung der eigenen Arbeit geprägt, dabei wird außer acht gelassen, dass sich mit transparenten Zahlen leichter in die Offensive gehen lässt im Sinne der IT-Organisation wie auch der Geschäftsbereiche. (2)

Gerade bei kleinen und mittleren Unternehmen wissen die Chefs weder genau was ihre IT kostet, noch was sie einspielt. Alle Berechnungen, die über den reinen Anschaffungspreis hinausgehen, so z. B.

der Aufwand für den Betrieb und die Pflege der Programme und Rechner, bleiben im Dunkeln. Ebenso wird die Frage vernachlässigt, ob die IT überhaupt die in sie gesteckten Erwartungen erfüllt. So schätzt das Analystenhaus Gartner, dass etwa 20 Prozent der gekauften Programme überhaupt nicht zum Einsatz kommen. (6)

# Total-Cost-of-Ownership-Betrachtungen und die Integration von Geschäftsstrategie in die IT könnten Optimierungspotenziale aufzeigen

Der fehlende Durchblick bei den IT-Kosten basiert häufig auf einer falschen Herangehensweise. Die IT wird nicht zusammenhängend betrachtet, sondern als Summe einzelner Teilprojekte. Das führt dazu, dass größere Vorhaben durchgezogen werden, ohne im Vorhinein Kosten und Nutzen in Relation zu setzen.

Im späteren Tagesgeschäft ist von dieser Großzügigkeit dann nichts mehr zu spüren, denn wenn es darum geht, die Potenziale der IT voll auszuschöpfen, wird mit Hinweis auf die knappen

Budgets geknausert. (6)
Eine sinnvolle Herangehensweise liegt in einer Total Cost of Ownership-Betrachtung begründet, die auch sämtliche indirekten Kosten, die durch den Betrieb der Rechner entstehen, berücksichtigt. (6)

Häufig werden Geschäftsstrategie und IT-Betrieb immer noch isoliert betrachtet. Es fehlt einfach der Blick auf die zugrunde liegenden Geschäftsprozesse. Mit Hilfe von methodischem Vorgehen und Technologie lassen sich Brücken bauen. Die Strategie des Managements muss sich klar in den Abläufen innerhalb des Unternehmens sowie im Zusammenhang mit Zulieferern und Kunden widerspiegeln. So benötigt man IT-Lösungen, die prozessorientiert arbeiten. (3)
Die Geschäftsleitung muss den tatsächlichen Nutzen seiner IT-Kosten analysieren. Um diesen zu ermitteln, müssen zunächst die gesamten Abläufe im Unternehmen auf den Prüfstand. Dazu werden zuerst ideale Versionen der Abläufe erarbeitet. Anschließend werden die tatsächlichen Prozesse aufgenommen. Die offensichtlichen, häufig erheblichen Unterschiede kosten Geld. Alles was den idealen Ablauf stört, wird als Störfaktor dokumentiert und mit Kosten hinterlegt. Danach ist man dann nicht nur in der Lage, etwaige Verbesserungen der Produktivität zu messen, sondern sie auch in Euro und Cent auszudrücken. (6)

So kann eine abstrakte Business Scorecard helfen, ein durchgängiges Prozessmodell widerzuspiegeln und so alle Hierarchiestufen von der übergeordneten bis zur operativen Ebene darzustellen. Das führt zu transparenter Darstellung aller Abläufe und das automatisierte Controlling wird sichergestellt. (3)

Erschreckend ist, welche teilweise ungeeigneten Kennzahlen im Rahmen des IT-Controllings genutzt werden. So wird gerade die denkbar ungeeigneteste Kennzahl, nämlich Anteil der IT-Kosten am Umsatz am häufigsten verwendet. Der Reiz liegt offensichtlich in der leichten Vergleichbarkeit mit anderen Unternehmen. Die Beliebtheit dieser Kennzahl belegt aber auch die Sichtweise von IT als Kostenproduzent in vielen Unternehmen. Somit besteht das Hauptziel des Controllings in der Senkung der Ausgaben des IT-Bereichs. (5)
Sinnvolle Messgrößen sind z. B. die DV-Kostenquote, die die IT-Ausgaben in Relation zu den Bruttoeinnahmen des Unternehmens setzt. Ebenso kann die IT-Gesamtkostenquote helfen, die aus dem Quotienten aus IT- und Gesamtausgaben gebildet wird. (5)

## Für den Bereich der Software-

# Entwicklung hat McKinsey ein neues Tool zur Steigerung der Produktivität entwickelt

Gerade die Softwareentwicklung stellt für viele Unternehmen eine große Herausforderung dar. Denn trotz kontinuierlich steigender IT-Ausgaben kämpfen die Unternehmen mit immer gravierenderen Qualitäts- und Stabilitätsproblemen. McKinsey hat ein Modell entwickelt, welches sich aus den drei klassischen Konzepten des Projektmanagement der Software-Entwicklung bedient und durch eine entsprechende Symbiose die Produktivität der Softwareentwicklung in vielen Fällen um 20 bis 40 Prozent erhöhen will. Das sogenannte Software-Development-Productivity-Modell (SDP-Modell) versucht mit seiner ganzheitlichen Vorgehensweise in einem Zeitraum von drei bis fünf Jahren die oben genannten Einsparungen zu erzielen. Die traditionellen Ansätze der Verbesserung der Softwareentwicklungs-Produktivität werden im Folgenden kurz angerissen, bleiben aber in der Realität häufig hinter den Erwartungen zurück.

# Budgetansatz

Es werden die Kosten pro Anwender oder pro Transaktion ermittelt. Über diese Messgrößen sollen dann die absoluten Kosten gesteuert werden. Allerdings konzentrieren sich die budgetorientierten Ansätze meist nur auf Input-Größen wie Kosten oder Personalkapazität. Der Output wie Funktionalität, Zeit, Qualität und Kundenzufriedenheit wird i. d. R. nicht berücksichtigt. Im Ergebnis werden dann häufig erhebliche Qualitätsprobleme verursacht, insbesondere dann, wenn in der kostenorientierten Planung keine Upgrades oder Weiterentwicklungen berücksichtigt werden. So wird zwar ein kosteneffizientes System erzeugt, welches aber nur unzureichende Qualität liefert.

## (1) Capability Maturity Model (CMM)

Wörtlich übersetzt handelt es sich um ein Fähigkeits-Reife-Modell, welches ein anspruchsvolles und ausgereiftes Verfahren zur Optimierung von Prozessen darstellt. Entwickelt wurde es vom Software Engineering Institute der Carnegie Mellen University in Pittsburgh. Es ist ein sehr gutes Verfahren zur Ermittlung der Prozessreife in verschiedenen Dimensionen, welches auch Verbesserungshebel identifizieren kann. Die Tendenz allerdings geht in Richtung Überoptimierung und der

Schaffung eines Overheads. Messgrößen gibt es nicht, so dass Effizienz und Effektivität schwer zu beurteilen sind. Der 450 Fragen umfassende Fragebogen ist darüber hinaus sehr komplex.

## (2) Six-Sigma-Modell

Dieses Modell ist zwar in der Lage, Qualität und auch Produktivität wirksam zu verbessern, da es die Prozessvariablität erfasst. Der Fokus auf Fertigungsprozesse, die immer wieder gleich ablaufen, führt aber dazu, dass das typische Six-Sigma-Modell nicht ohne weiteres übertragbar ist. Die Messgrößen im Bereich der Fehlerreduktion z. B. liegen bei der Software-Entwicklung bei akzeptablen 18 000 Fehlern pro Million Function Points. Six Sigma gibt hier 4,3 vor!
Das SDP-Modell verbindet die besten Elemente aus den klassischen Produktivitätskonzepten. Aus dem Budgetansatz bedient es sich mit der messbaren Ergebniswirkung, aus dem CMM übernimmt es die Prozessreife-Indikatoren und vom Six Sigma-Modell wird der strikte Fokus auf Qualität und kontinuierliche Verbesserung übernommen. Im Ergebnis werden quantifizierbare Größen aufgrund einer gezielten Verbesserung des Prozessreifegrades in der Organisation ermittelt. Die Produktivität wird nicht alleine anhand der absoluten IT-Kosten

gemessen, sondern mit Output-Kennzahlen wie gelieferte Funktionalität, Time-to-Market und Qualität in Relation gesetzt.
Über Leistungskennzahlen (Key Performance Indicators = KPI) wird die Softwareentwicklungs-Produktivität gemessen. Diese KPIs lassen sich in fast allen IT-Unternehmen schnell erfassen.
Die Softwarekosten für proprietäre Software setzen sich zusammen aus den direkten Entwicklungskosten (Umfangerweiterung oder Erstellung neuer (System-)Software sowie den Fehlerbehebungskosten.
Zu beachten ist, dass anstelle der üblichen Codezeilen die Function Points in die Bewertung einfließen. Die Function-Point-Analyse dient zur Abschätzung der Komplexität und dem Umfang eines gegebenen Software-Systems. Es werden Systemkomponenten aus Endnutzersicht identifiziert (z. B. Anfragen, Schnittstellen, Outputs, Inputs) und dann eingestuft von einfach bis komplex und entsprechend gewichtet. Function Points werden immer dann herangezogen, wenn sich der Output nicht sinnvoll in Codezeilen bemessen lässt. Die Function Point-Methode ist zwar nicht unumstritten, hat gegenüber der Beachtung der Lines of Code aber den Vorteil der Technologieunabhängigkeit.
In den Augen von McKinsey reichen oft sieben KPIs aus, um die Gesamtproduktivität zu bemessen.
So werden:
- Der Monatssatz des Entwicklers,

- die Entwicklungsproduktivität,
- der Entwicklungsumfang,
- die Fehlerrate,
- der Fehlerbehebungsaufwand,
- der Monatssatz für Fehlerbehebung und der
- Anwendungsbestand

herangezogen.
Darüber hinaus geht die SDP-Methode davon aus, dass die Prozessreife messbar ist. Es wird in diesem Zusammenhang nicht das gesamte CMM-Modell herangezogen, sondern nur eine auf die unmittelbaren Bedürfnisse zugeschnittene Analyse eingesetzt. Dabei stützt an sich auf 60 Key Performance Areas (KPAs), in denen nach dem Vorbild der CMM bewertet wird. Hierzu werden die fünf Bereiche der Wertschöpfungskette, in denen Verbesserungen zu erzielen sind, gemessen:
- Produktdefinition,
- Produktarchitektur,
- Prozesse und Tools,
- Partnering und Sourcing,
- Personal und Organisation.

# Fallbeispiele

Der DV-Dienstleister W&W Informatik hat für seine Kunden Wüstenrot und Württembergische vor drei Jahren ein Controlling-Steuerungsinstrument eingeführt. Innerhalb dieses Zeitraums wurden die Kosten von 189 auf 157 Millionen Euro gesenkt. Bei der Deutschen Post nutzen die IT-Verantwortlichen strategisches IT-Controlling, um sich als Partner für die Geschäftsbereiche zu profilieren. Die Business-Nähe der IT soll durch radikale Budgetverschiebungen von Infrastrukturaufwendungen hin zu Neuprojekten verschoben werden. (1)

Die Mächtigkeit der Softwarelösung Valuemotion des IT-Controlling-Spezialisten Usu ist in der Version 3.0 vollständig auf die IT Infrastructure Library (ITIL) abgestellt worden. Für das Finanzmanagement liefert diese Software jetzt sogar Funktionalitäten, die weit über die ITIL-Anforderungen hinaus gehen. (7)

Die Verlagerung der IT-Services ins Ausland wird von vielen Unternehmen als gute Möglichkeit angesehen, die IT-Kosten wesentlich zu verringern. Allerdings wird häufig im Inland eine Schattenorganisation aufgebaut, die IT-Strategie und das Dienstleister-Management verantwortet. Hierbei entstehen zumeist Kosten in Höhe von etwa fünf Prozent der Outsourcing-Summe. Bei Offshoring-Projekten können diese Beträge allerdings noch deutlich auf bis

zu 15 Prozent anwachsen.
Führt man zu Beginn des Projektes
Einsparmessungen durch, werden immer sehr gute
Werte ermittelt. Allerdings werden die Kostenvorteile
über einen Zeitraum von zwei oder drei Jahren
betrachtet immer geringer, wenn die Berechnung
auch die Aufwendungen für die Schattenorganisation
und für die zusätzlich eingeforderten
Beratungsleistungen berücksichtigt. (8)

## Weiterführende Literatur

(1) Umfrage der Gesellschaft für Informatik offenbart
eklatante Mängel: IT-Controlling scheitert am
Werkzeugeinsatz
aus Computer Zeitung, Heft 10, 2005, S. 1

(2) Controlling heißt nicht nur Kontrolle
aus Computer Zeitung, Heft 10, 2005, S. 4

(3) Geschäftsstrategie, Prozesse, IT-Lösungen und
Systembetrieb sind selten miteinander verbunden
Business sucht Brückenschlag
aus Computer Zeitung, Heft 11, 2005, S. 17

(4) In Erwartung eines schnellen Return On
Investment vergisst so manches Unternehmen die
Projektplanung – Einbindung der Mitarbeiter ist
wesentlich Perfektionisten sollten pragmatisch
handeln

aus Computer Zeitung, Heft 11, 2005, S. 21

(5) Die Senkung der Kosten steht für viele Unternehmen bei der DV-Steuerung im Vordergrund – Doch der aktive Einsatz gängiger Methoden zeigt auch: Controlling bringt die IT näher ans Business
aus Computer Zeitung, Heft 11, 2005, S. 9

(6) Was Ihre IT wirklich kostet Leistungsträger oder Kostgänger: So finden Sie heraus, ob Ihre Rechner und Programme zu teuer sind.
aus Impulse vom 01.02.2005, Seite 84

(7) IT-Controlling-Tool noch mächtiger
aus Computer Zeitung, Heft 9, 2005, S. 4

(8) Offshoring spart kein Geld
aus Computerwoche, 28.01.2005, Nr. 4 Seite 32

# Impressum

## IT-Controlling immer noch ein Stiefkind!

**Bibliografische Information der deutschen Nationalbibliothek**

Die Deutsche Nationalbibliothek verzeichnet diese Publikation in der deutschen Nationalbibliografie; detaillierte bibliografische Daten sind im Internet über http://dnb.d-nb.de abrufbar.

ISBN: 978-3-7379-0020-1

© 2015 GBI-Genios Deutsche Wirtschaftsdatenbank GmbH, Freischützstraße 96, 81927 München, www.genios.de

Alle Rechte vorbehalten. Dieses Werk ist einschließlich aller seiner Teile – z.B. Texte, Tabellen und Grafiken - urheberrechtlich geschützt. Jede Verwertung außerhalb der Grenzen des Urheberrechtsgesetzes bedarf der vorherigen Zustimmung des Verlags. Dies gilt insbesondere auch für auszugsweise Nachdrucke, fotomechanische Vervielfältigungen (Fotokopie/Mikroskopie), Übersetzungen, Auswertungen durch Datenbanken oder ähnliche Einrichtungen und die Einspeicherung und Verarbeitung in elektronischen Systemen.